Cent
LEÇONS D'HARMONIE

Recueil comprenant :

50 LEÇONS (Basses et Chants donnés)

AVEC LA RÉALISATION DE L'AUTEUR

PAR

Ch. LENEPVEU

Membre de l'Institut
Professeur de Composition au Conservatoire national de Musique
Inspecteur de l'Enseignement musical

30 LEÇONS DE CONCOURS DU CONSERVATOIRE

réalisées par les Élèves de la classe d'Harmonie (Femmes)

de M. Ch. LENEPVEU

20 LEÇONS INÉDITES

de MM. Th. DUBOIS, Ernest GUIRAUD et Henri FISSOT

AVEC LA RÉALISATION DES AUTEURS

HENRY LEMOINE & Cⁱᵉ

17, Rue Pigalle, PARIS — BRUXELLES, Rue de la Régence, 25

Droits de reproduction et traduction réservés pour tous pays : Angleterre, Italie, la Norvège et le Danemark

Imprimé par HENRY LEMOINE et Cⁱᵉ, 1898

1898

Cent
LEÇONS D'HARMONIE

Recueil comprenant :

50 LEÇONS (Basses et Chants donnés)

AVEC LA RÉALISATION DE L'AUTEUR

PAR

Ch. LENEPVEU

Membre de l'Institut
Professeur de Composition au Conservatoire national de Musique
Inspecteur de l'Enseignement musical

30 LEÇONS DE CONCOURS DU CONSERVATOIRE

réalisées par les Élèves de la classe d'Harmonie (Femmes)
de M. Ch. LENEPVEU

20 LEÇONS INÉDITES

de MM. Th. DUBOIS, Ernest GUIRAUD et Henri FISSOT

AVEC LA RÉALISATION DES AUTEURS

Prix net : 12 francs

HENRY LEMOINE & Cie

17, Rue Pigalle, PARIS — BRUXELLES, Rue de la Régence, 25

1898

PREMIÈRE PARTIE

Cinquante Leçons de M^r Ch. LENEPVEU

N° 1

BASSE DONNÉE

2
B
A
E
Riten.
Riten.
E
Riten.
N° 2
CHANT DONNÉ
Allegretto
C. D.
18697. H.

Poco rit.
Poco rit.
Poco rit.
a Tempo
a Tempo
a Tempo
Ritard.
Ritard.
Ritard.

18697. H.

Nº 3

Moderato
f
f
f
B.D.
f
Poco riten.
Poco riten.
Poco riten.
a Tempo cantabile
C.D.
p
p
p
p

Riten.
Riten.
Riten.
Riten.
N.º 4
BASSE ET CHANT ALTERNÉS
And.tᵒquasi allegretto
p
p
p
p
B. D.

6
Riten.
Riten.
Riten.
C. O.
a Tempo
a Tempo
a Tempo
a Tempo
Riten.
Riten.
Riten.
BASSE DONNEE
N.º 5   Moderato
B
A
B. D.
18697. H.

A
B
C
D
fr. B
fr. A
Riten. molto
Riten. molto
Riten. molto
Riten. molto
a Tempo
a Tempo A
a Tempo
a Tempo
Allarg. molto
Allarg. molto
Allarg. molto

CHANT DONNÉ

Nº 6

C.D.

DASSE ET CHANT ALTERNÉS

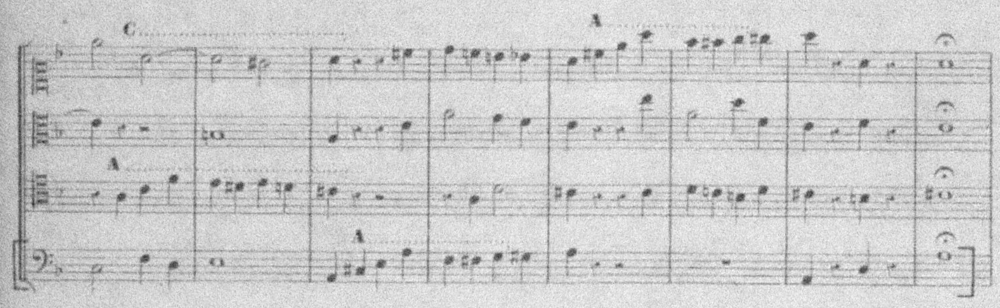

18697 H.

BASSE ET CHANT ALTERNÉS

C.D.
a Tempo
a Tempo
a Tempo
B
Riten.
Riten.
Riten.
Riten.
Riten.
Riten.

Nº 9

Allegretto
B.O.
Riten. molto
Riten. molto
Riten. molto
C.O.
a Tempo
a Tempo
a Tempo

BASSE ET CHANT ALTERNES

N.º 10 And.te sostenuto e legato assai

C. D
B.
Cresc.
sf
Riten.
a Tempo
Cresc.
sf
Riten.
p a Tempo
Cresc.
sf
Riten.
p a Tempo
Cresc.
sf
Riten.
p a Tempo

N° 14   All° moderato

16
C D
B
A
Allarg.
Allarg.
B
Allarg.
B
Allarg.
Allarg.
N° 12
BASSE ET CHANT ALTERNÉS
And^te sostenuto
B. C.
18697 H.

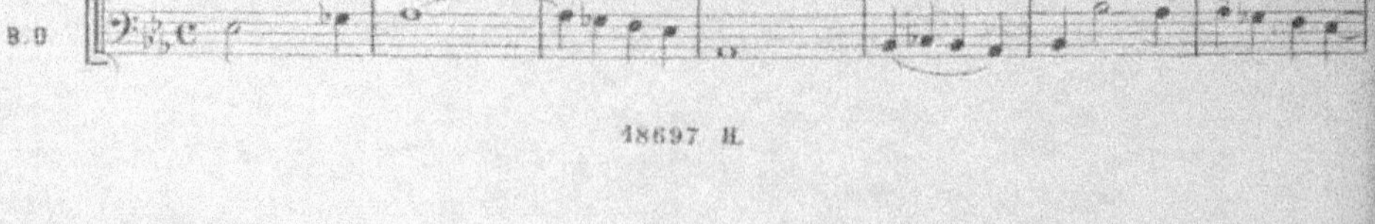

C. D.
a Tempo
Riten.
p
a Tempo
Riten.
p
a Tempo
Riten.
p
a Tempo
p
Cresc.
poco
a
Cresc.
poco
a
Cresc.
poco
a
Cresc.
poco
a

BASSE ET CHANT ALTERNES

N° 43

Poco riten.
Poco riten.
Poco riten.
C.O.
a Tempo
a Tempo
a Tempo
poco sf
poco sf
poco sf
Allarg.
Allarg.
Allarg.

N° 14
Moderato
B.
B. D.
Riten.
Riten.
Riten.
C.D. a Tempo
B
a Tempo
a Tempo
A a Tempo

BASSE DONNÉE
Nº 15
Maestoso deciso assai
B
C
A
cresc.
cresc.
cresc.
fr/A
fr/A
fr/A
mf
mf
mf
f
f
f
f
B. D.
18697. H.

22
48697. H.

CHANT DONNÉ

N° 16
Allegretto
C. D.
p
p
p
p
poco sf
poco sf
poco sf
pp Riten.
pp Riten.
pp Riten.
18697 H.

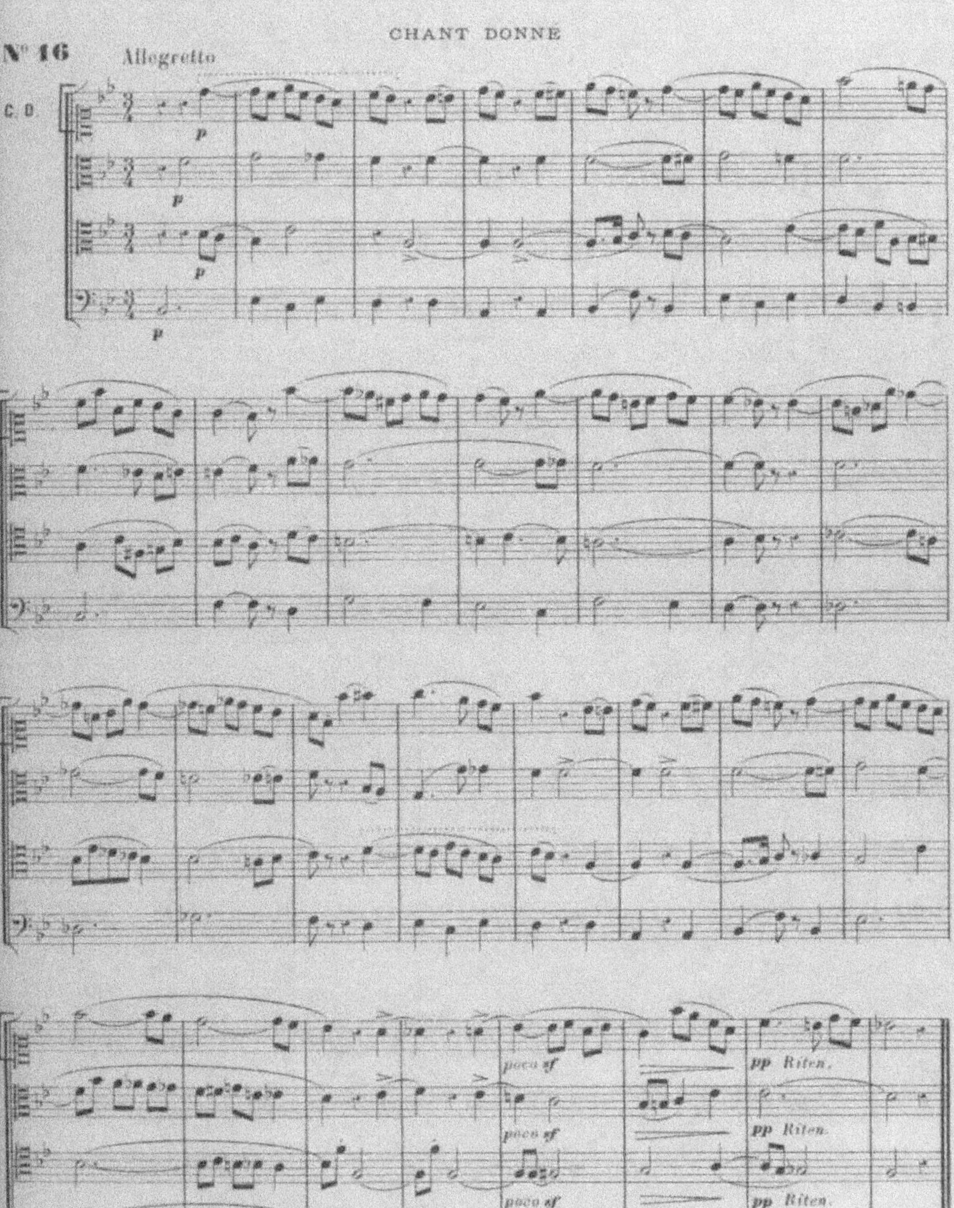

BASSE ET CHANT ALTERNES

N° 17   Moderato

Allarg.
Allarg.
Allarg.
BASSE DONNÉE
Nᵒ 18   Moderato
B.
A.
A.
B.
s. d.

B
A
Riten. Largo
Riten. Largo
Riten. Largo
Riten. Largo

CHANT DONNÉ

N° 19
Allegretto tempo di marcia
A
C.D.
p
p
p
p
B
f
p
f
p
f
p
poco sf
poco sf
poco sf
P.B.
A
18697. H.

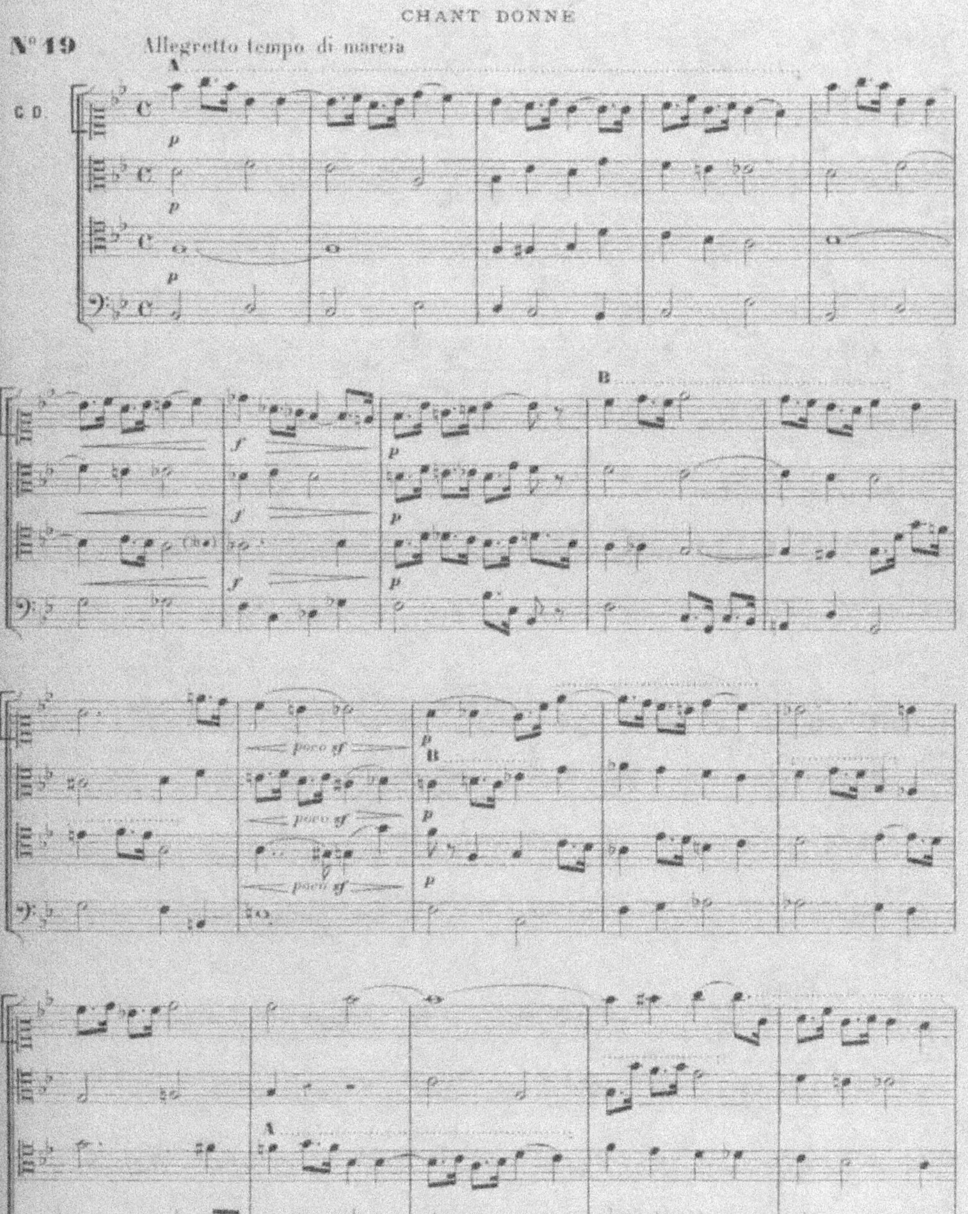

BASSE DONNÉE
N° 20
Moderato
B
A
B. D.
A
B
Poco riten
Poco riten
Poco riten
f
p

B
Riten. molto
Riten. molto
Riten. molto

N.º 24

Moderato
C.D.
p
Cresc.
Cresc.
Cresc.
sf
sf
Sempre cresc.
Sempre cresc.
Sempre cresc.
f
f
f
Dimin.
Dimin.
Dimin.
p
p
p

BASSE ET CHANT ALTERNÉS

N° 22

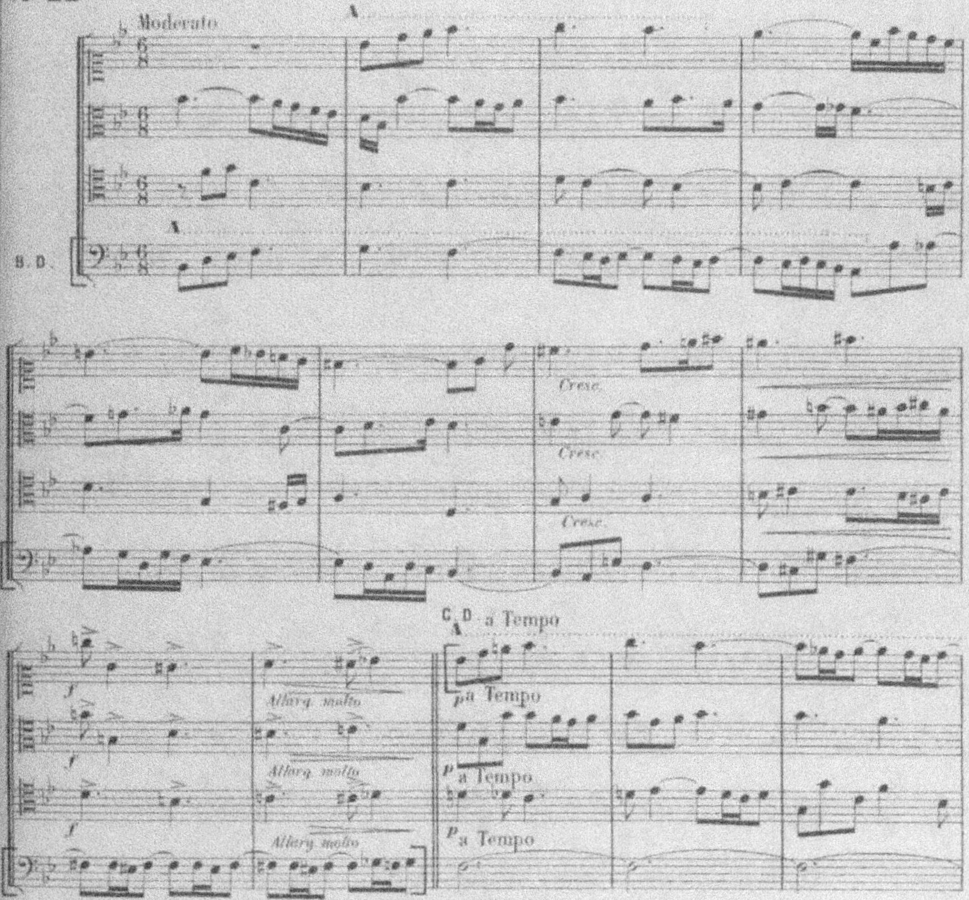

poco sf
poco sf
poco sf
Riten. molto.
Riten. molto.
Riten. molto.
A
BASSE ET CHANT ALTERNÉS
Nº 23
Moderato
B
A
B. D.

Andantino Cantabile
Poco riten.
Cresc.
Poco riten.
Poco riten.
f
p

Ritard. e perdendosi
Ritard. e perdendosi
Ritard. e perdendosi
Ritard. e perdendosi
BASSE ET CHANT ALTERNÉS
N.º 24
Mod.to deciso assai
B. D.
18697. H.

Poco riten.
C.D.
a Tempo
Poco riten.
a Tempo
Poco riten.
a Tempo
Poco riten.
a Tempo

Cresc. poco a poco
Cresc. poco a poco
Cresc. poco a poco
Cresc. poco a poco
Dimin. poco a poco
Dimin. poco a poco
Dimin. poco a poco
Dimin. poco a poco

BASSE ET CHANT ALTERNES

N° 25

Cresc. poco a poco
Cresc. poco a poco
Cresc. poco a poco
Cresc. poco a poco
Dimin. poco a poco
Dimin. poco a poco
Dimin. poco a poco
Dimin. poco a poco
BASSE ET CHANT ALTERNÉS
Nᵒ 26
Moderato
B. D.

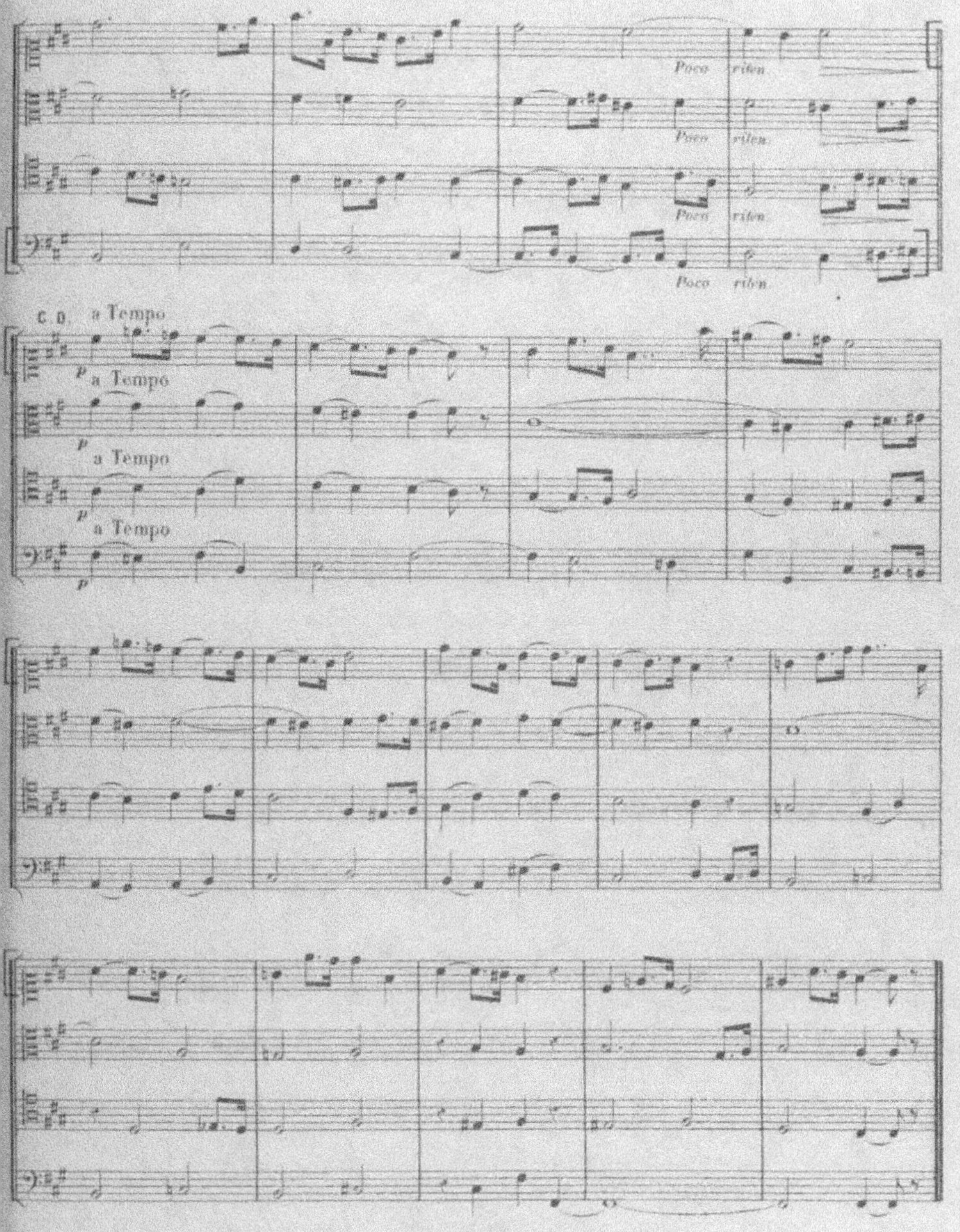
Poco riten.
Poco riten.
Poco riten.
Poco riten.
C.0. a Tempo
a Tempo
a Tempo
a Tempo

N° 27

Andante espressivo
B.C.
Cresc.
Cresc.
Cresc.
Cresc.
poco   a   poco
poco   a   poco
poco   a   poco
poco   a   poco
f
f
f
f
Dimin.
Dimin.
Dimin.
Dimin.
C.D.
p
p
p
p

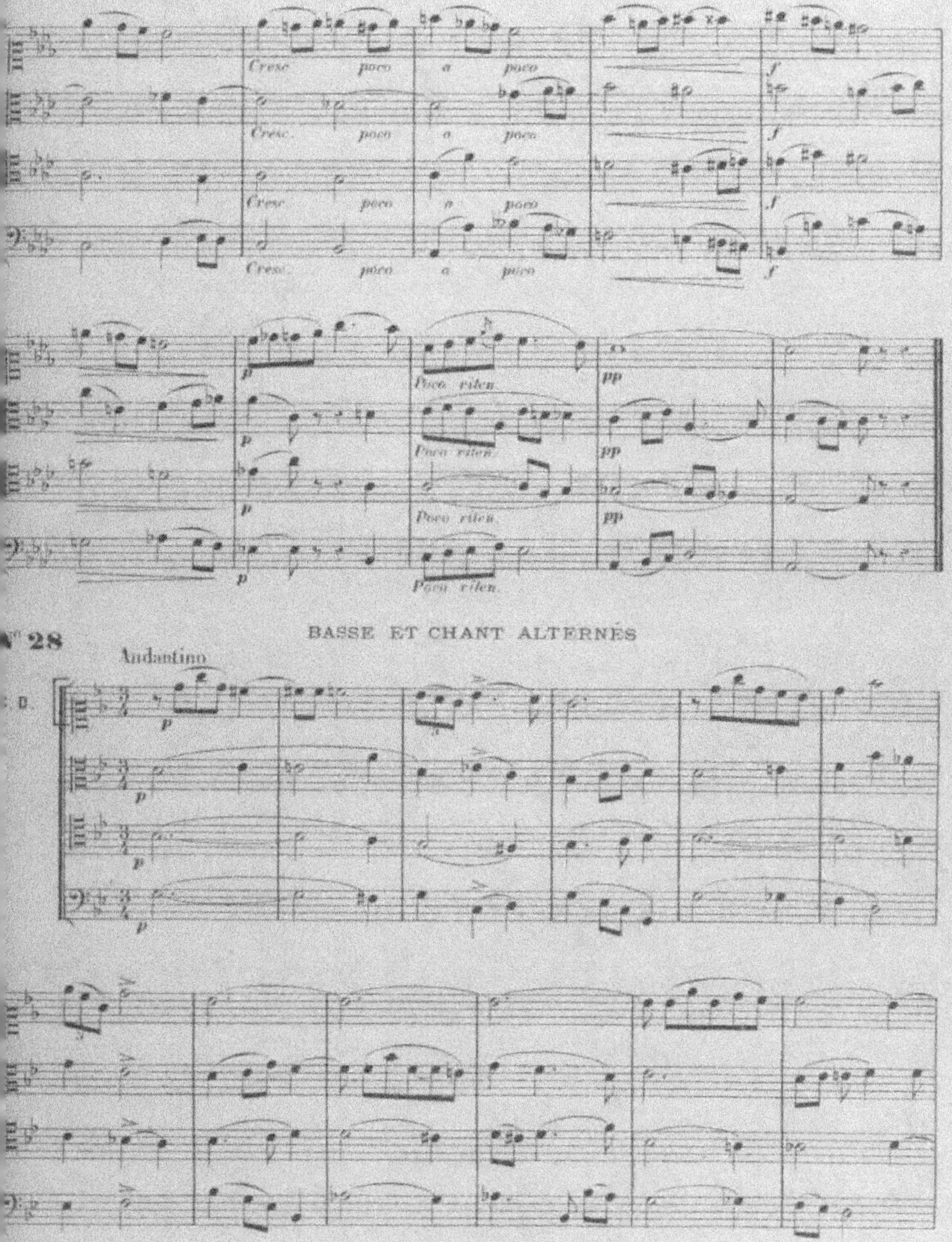
Cresc. poco a poco
Cresc. poco a poco
Cresc. poco a poco
Cresc. poco a poco
p
p
p
p
Poco riten.
Poco riten.
Poco riten.
Poco riten.
pp
pp
pp
f
f
f
f
BASSE ET CHANT ALTERNÉS
N° 28
Andantino
p
p
p
p

pp
p Tranquillo
p Tranquillo
p Tranquillo
B.D.
p Tranquillo
Poco animando
C.D.
p Poco animando
p Poco animando
p Poco animando

Poco riten.
a Tempo
Allarg. molto
BASSE ET CHANT ALTERNES
Nº 29
Moderato
B. D.

a Tempo
C.D.
Poco riten.
Poco riten.
Poco riten.
sf
sf
sf
Riten.
Riten.
Riten.
B.D.

N.° 30

Allegretto
B.D.
f
p
Cresc.
Cresc.
Cresc.
f
p
p
Dimin.
Dimin.
Dimin.
Ritard.
Ritard.
Ritard.
Ritard.
C.D. a Tempo
p a Tempo
P a Tempo
P a Tempo

Poco riten.
a Tempo
sf
Cresc. e animato
poco a poco
Poco riten.
a Tempo
sf
Cresc. e animato
poco a poco
a Tempo
Cresc. e animato
poco a poco
sf Poco riten.
f
Dimin. e calmandosi poco a poco
f
Dimin. e calmandosi poco a poco
f
Dimin. e calmandosi poco a poco
Riten. e perdendosi
p
Riten. e perdendosi
p
Riten. e perdendosi
p
Riten. e perdendosi

Nº 31

Moderato
B.D.
a Tempo
Ritard.
a Tempo
Ritard.
a Tempo
Ritard.
a Tempo
Poco riten.
a Tempo
a Tempo
Poco riten.
a Tempo
Poco riten.
a Tempo
Allarg molto
Allarg molto
Allarg molto

Nº 32

Maestoso deciso assai
B. D.
Largo
Largo
Largo
Largo
C.Dª Tempo
a Tempo
a Tempo
a Tempo
Allegretto

BASSE ET CHANT ALTERNÉS
N° 33
Moderato
B. O.
18697 H.
49

C.D.

Largo
Largo
Largo
Largo
N° 34
BASSE ET CHANT ALTERNÉS
Allegretto
B. D
sf
p
sf
p
sf
p
sf
p
18697. H.

BASSE DONNÉE

N° 36
CHANT DONNÉ
Andante religioso sostenuto assai
C. D.

p
pp poco sf mf
pp poco sf p mf
pp poco sf p mf
pp poco sf p mf
Poco riten.
Cresc. e string. poco a poco f
Poco riten.
Cresc. e string. poco a poco f
Poco riten.
Cresc. e string. poco a poco f
Poco riten.
Cresc. e string. poco a poco f
a Tempo
p pp
p pp
a Tempo div.
p pp
a Tempo
p pp

N° 37
BASSE DONNÉE
Moderato
B. D.
Allarg.
Allarg.
Allarg.
Allarg.
Allarg.
pp

CHANT DONNÉ

Nᵒ 38

Très lent et soutenu

C.O.

Stringendo e cresc.
Stringendo e cresc.
Stringendo e cresc.
a Tempo
f Riten.
f Riten.
a Tempo
a Tempo
f Riten.

Cresc.
Cresc.
Cresc.
f
p
f
p
f
p
Riten. molto
Riten. molto
Riten. molto
BASSE ET CHANT ALTERNÉS
Moderato
B.D.

Nº 39

C.D. Andante cantabile Molto espressivo
Allarg.
molto
pp
Allarg.
molto
pp
Allarg.
molto
pp
f
p
f
p
sf
p
Dimin.
f
p
f
p
sf
p
Dimin.
f
p
f
p
sf
p
Dimin.
pp
Perdendosi
pp
Perdendosi
pp
Perdendosi
pp

BASSE DONNÉE

Allarg. molto
Allarg. molto
Allarg. molto

Nº 41
Andⁱᵉ cantabile
C.D.
p
f
p
f
p

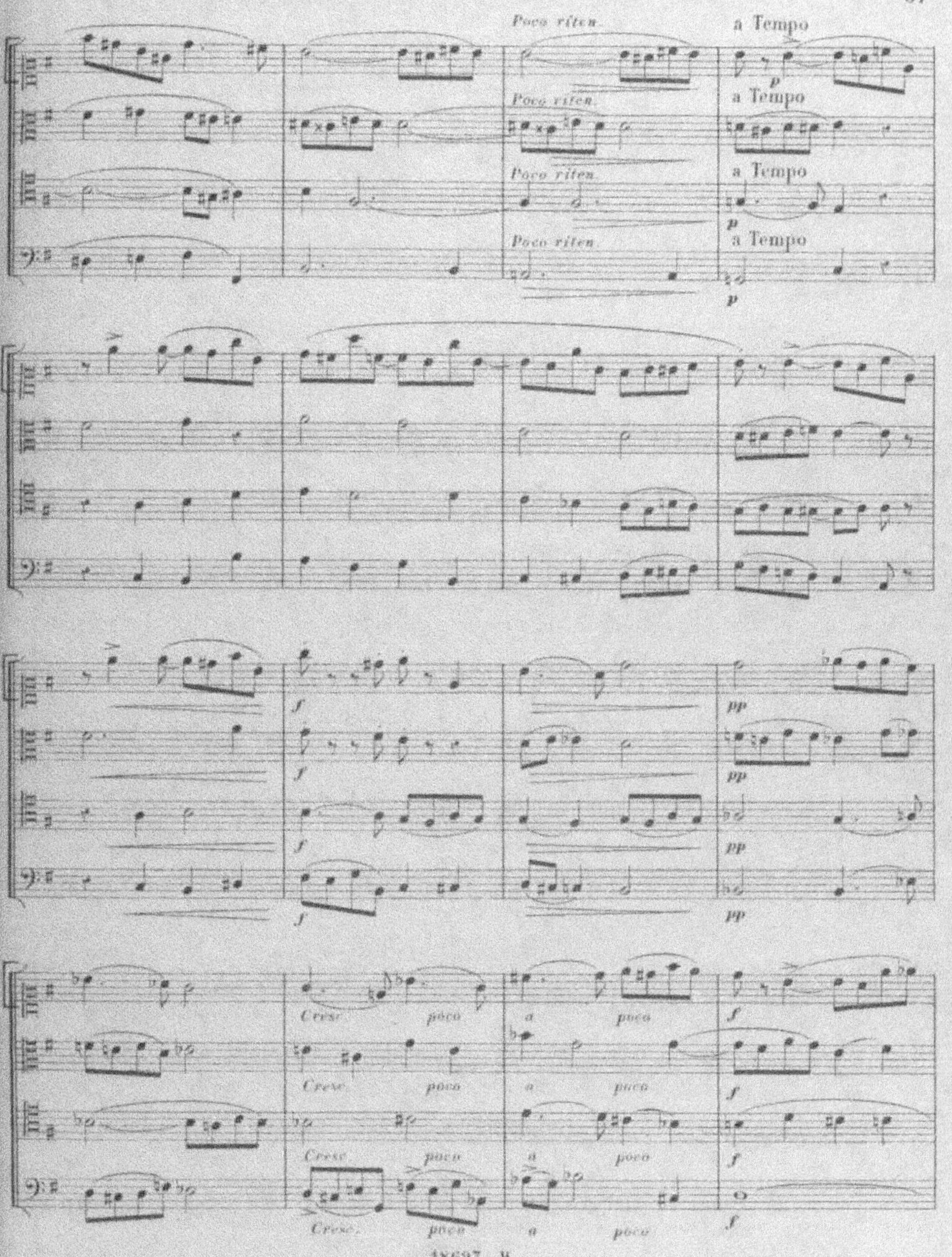

Poco riten.
a Tempo
p
Poco riten.
a Tempo
Poco riten.
a Tempo
p
Poco riten.
a Tempo
p
f
f
f
f
pp
pp
pp
pp
Cresc.   poco   a   poco   f
Cresc.   poco   a   poco   f
Cresc.   poco   a   poco   f
Cresc.   poco   a   poco   f

Sempre
cresc.
Sempre
cresc.
Sempre
cresc.
ff
Dimin.   poco   a   poco   p
ff
Dimin.   poco   a   poco   p
ff
Dimin.   poco   a   poco   p
ff
Dimin.   poco   a   poco   p
mf
Poco allarg.
pp
Poco allarg.
mf
pp
Poco allarg.
mf
pp
Poco allarg.
mf
pp
BASSE ET CHANT ALTERNÉS
N.º 42
Moderato
B. D.

18697. H.

Poco riten.
a Tempo
Poco riten.
a Tempo
Poco riten.
a Tempo
Poco riten.
C. O.

BASSE DONNÉE
N.º 43
Moderato
B. D.
Allarg.
Allarg.
Allarg.

CHANT DONNE

N° 44 Andantino

C.D.

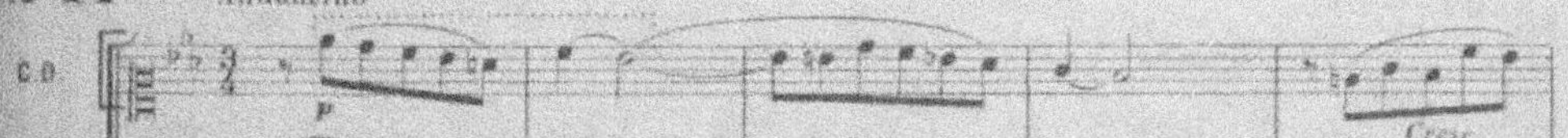

Dimin.
Dimin.
Dimin.
Dimin.
f
f
f
p
p
p
Cresc. e stringendo
Cresc. e stringendo
Cresc. e stringendo

f Rit. molto
p a Tempo
f Rit. molto
p a Tempo
f Rit. molto
p a Tempo
Cresc.
Cresc.
Cresc.
f
f
f
p
p
p
f Riten.
p a Tempo
Riten.
p a Tempo
f Riten.
p a Tempo
Allarg.
Allarg.
Allarg.

CONCOURS DES HOMMES
(1892)

N° 45

BASSE DONNÉE

Moderato

18697. H.

E
fr. B
A
B
fr. B
E
Allarg.
E
Allarg.
Allarg.
Allarg.

CONCOURS DES HOMMES
(1892)

CHANT DONNÉ

N° 46 Moderato cantabile

A tempo
A tempo
A tempo
A tempo
p
p
p
p
Cresc.
Cresc.
Cresc.
Cresc.
f
f
f
f
p
p
p
p
Dimin.
Dimin.
Dimin.
Dimin.
pp
pp
pp
pp
Rit.
Rit.
Rit.
Rit.

CONCOURS DES HOMMES
(1894)

BASSE DONNÉE

N° 47   Moderato

Allarg.
Allarg.
Allarg.
Allarg.

CONCOURS DES HOMMES
(1894)

CHANT DONNÉ

Nº 48   Andante con moto

mf Bien en dehors
Poco stringendo
Poco stringendo
Poco stringendo
Poco stringendo
Riten.
Riten.
Riten.
Riten.
A tempo
A tempo
A tempo
A tempo

CONCOURS DES HOMMES
(1897)

Nº 49

Maestoso

BASSE DONNÉE

B. D.

Cresc.
poco
Cresc.
poco
Cresc.
poco
Cresc.
poco
a
poco
f
a
poco
f
a
poco
f
a
poco
f
Cresc.
Cresc.
Cresc.
String.
Rit.
a Tempo
String.
Rit.
a Tempo
ff
String.
Rit.
a Tempo
ff
String.
Rit.
a Tempo
ff

CONCOURS DES HOMMES
(1897)

N° 50 Andantino CHANT DONNÉ

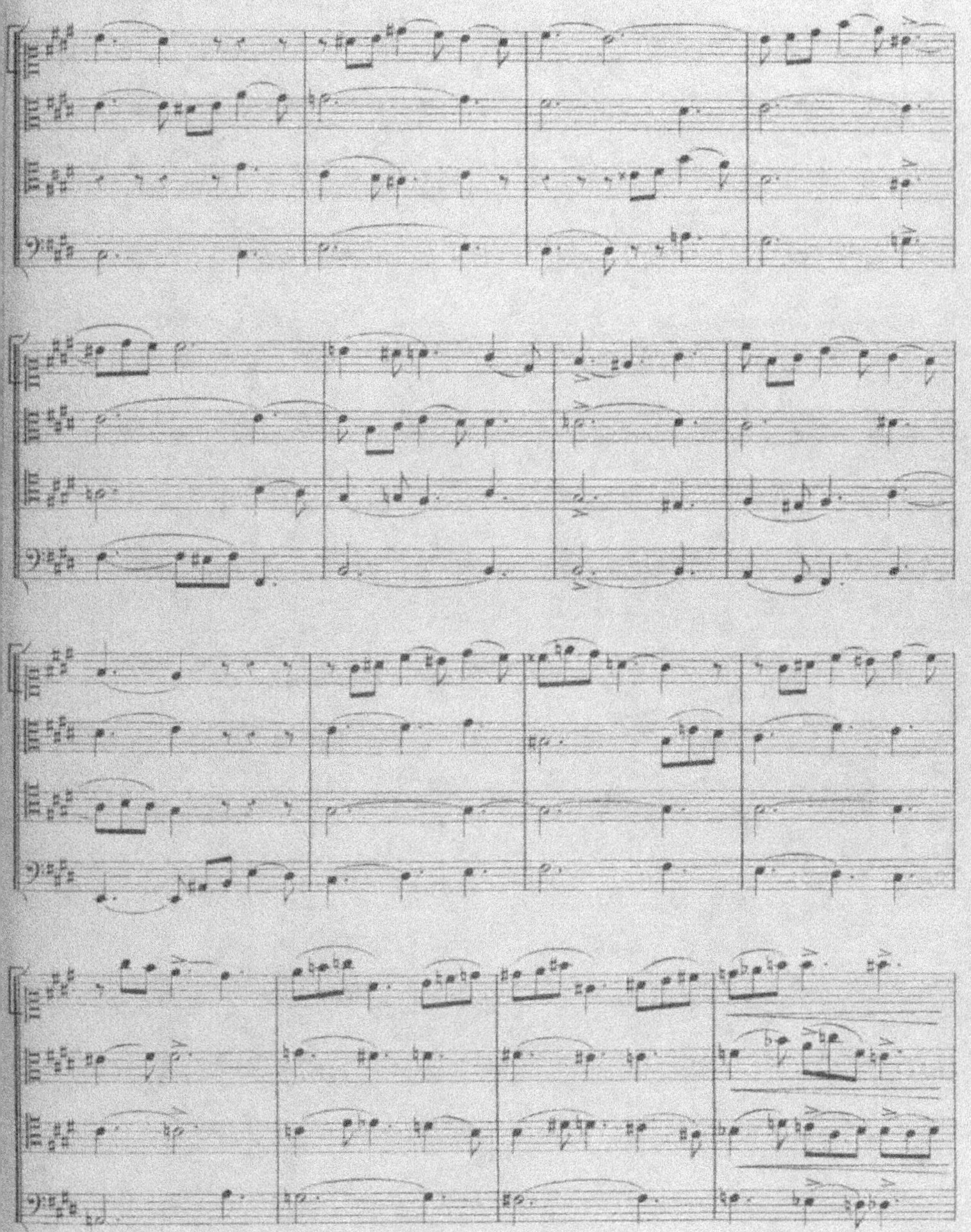

Rit. molto
a Tempo
String. e cresc.
f
Rit. molto
a Tempo
String. e cresc.
f
Rit. molto
a Tempo
String. e cresc.
f
Rit. molto
a Tempo
String. e cresc.
f
poco a poco
Rit. molto.
a Tempo
poco a poco
ff Rit. molto
a Tempo
poco a poco
ff Rit. molto
a Tempo
poco a poco
ff Rit. molto
a Tempo
ff
p
p
p
p
Allarg.
Allarg.
div.
Allarg.
Allarg.

DEUXIÈME PARTIE

Trente Leçons de concours du Conservatoire

réalisées par les élèves de la classe d'harmonie (femmes)

de M. Ch. LENEPVEU

CONCOURS DES FEMMES
(1877)

BASSE DONNÉE
de H. FISSOT

Réalisation de Mlle Antoinette COPPÉE

N° 51

A
D
E
E
D
A
A
A

CONCOURS DES FEMMES
(1877)

CHANT DONNÉ
de H. FISSOT

Réalisation de Mlle LUCIE JUSSEAUME ✠

N° 52   Moderato

C. D.

CONCOURS DES FEMMES

(1878)

BASSE DONNÉE

de LÉO DELIBES

Réalisation de Mlle NOELIE VALBERT ✚

N° 53

B. D.

✚ Accessit en 1886

18697 H.

Riten. molto
Riten. molto
Riten. molto

CONCOURS DES FEMMES
(1878)

CONCOURS DES FEMMES
(1880 N.B.)

BASSE DONNÉE
de LÉO DELIBES
N° 55

Réalisation de Mlle LAURE BÉGUIN

B. D.

(N. B.) Le chant donné, au même concours des femmes (année 1880) se trouve, avec la réalisation de l'auteur, M. Léo Delibes, dans le recueil de M. Lavignac publié par la Maison Lemoine (page 449). (Note des Éditeurs.)

18697. H.

Allarg.
Allarg.
Allarg.

CONCOURS DES FEMMES
(1881)

BASSE DONNÉ
de **LÉO DELIBES**

Réalisation de M.lle HEDWIGE **CHRETIEN**
1.er prix en 1881

N.º 56

99
CONCOURS DES FEMMES
(1881)
CHANT DONNÉ
de LÉO DELIBES
Réalisation de Mᵉˡˡᵉ BÉATRICE CHRÉTIEN
1ᵉʳ prix en 1881
Nº 57
Andante
C.D
48697. H.

CONCOURS DES FEMMES
(1882)

BASSE DONNÉE

de M.ʳ Th. DUBOIS

Réalisation de M.ˡˡᵉ LUCIE LANGE

1ᵉʳ prix en 1882

N° 58

CONCOURS DES FEMMES
(1882)

CHANT DONNÉ
de M.ᵣ Th. DUBOIS

Réalisation de M.ᵈˡᵉ LUCIE LANGE
1.ᵉʳ prix en 1882

N.º 59   Andantino *Dolce espressivo.*

CONCOURS DES FEMMES
(1883)

Réalisation de Mlle Marie LEFRANÇOIS
1er prix en 1883

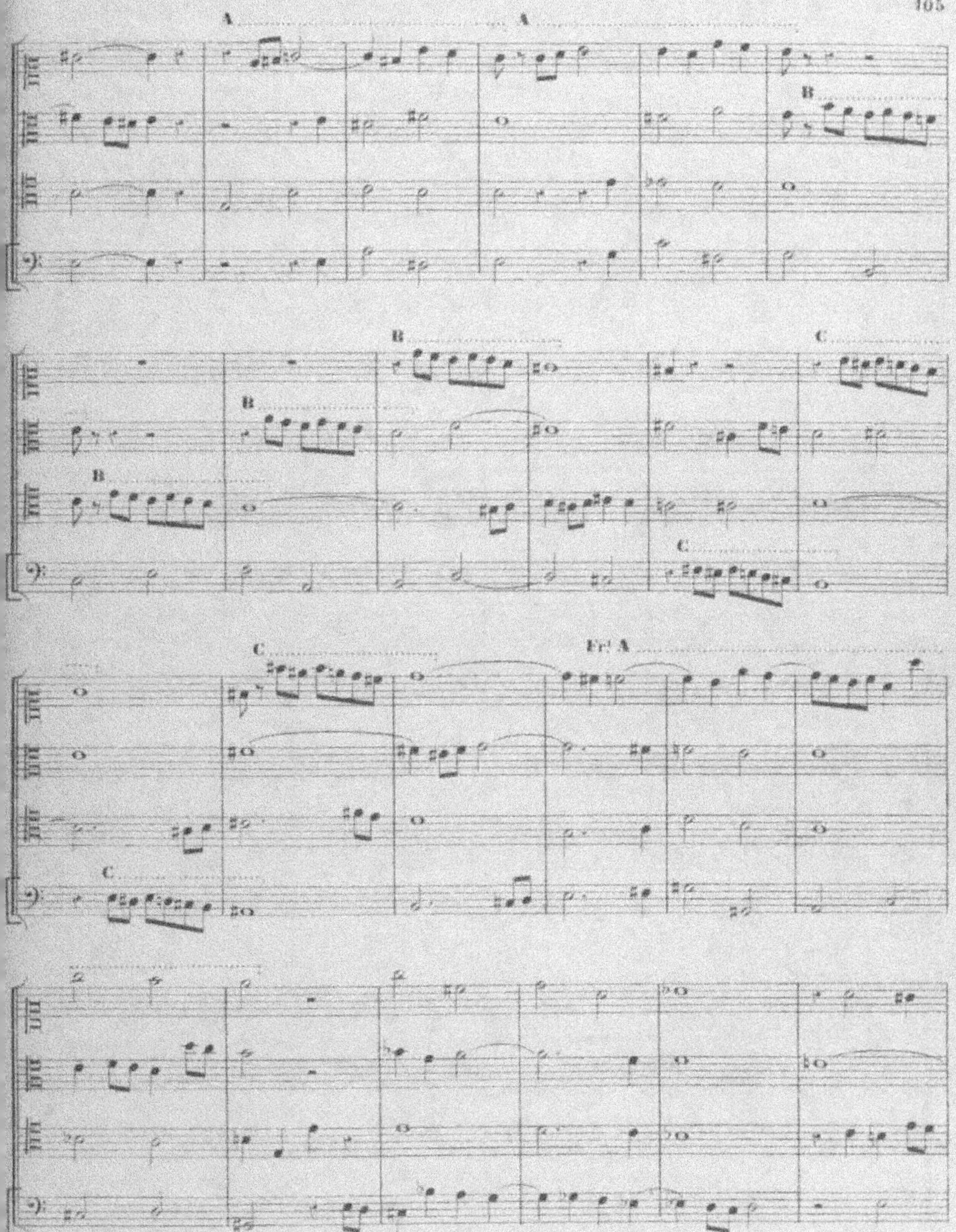
A
A
B
B
C
B
B
C
C
C
Fr. A
18697 H.

CONCOURS DES FEMMES
(1883)

CHANT DONNÉ
de Mr Th. DUBOIS

Réalisation de Mlle MARIE LEFRANÇOIS
1er prix en 1883

N° 61   Andantino

Riten.
Riten.
Riten.
Riten.

CONCOURS DES FEMMES
(1884)

BASSE DONNÉE
de LÉO DELIBES

Réalisation de Mⁱˡᵉ MADELEINE VERNAD
1ᵉʳ prix en 1884

N° 62 Tempo guisto

A
B
B

CONCOURS DES FEMMES
(1884)

CHANT DONNÉ
de LÉO DELIBES

Réalisation de Mlle MADELEINE VERNAUT
1er prix en 1884

N° 63   Moderato

18697. H.

CONCOURS DES FEMMES
(1885)

BASSE DONNÉE
de Mr Th. DUBOIS

Réalisation de Mlle HÉLÈNE GONTHIER
1er prix en 1885

Nº 64

18697. H.

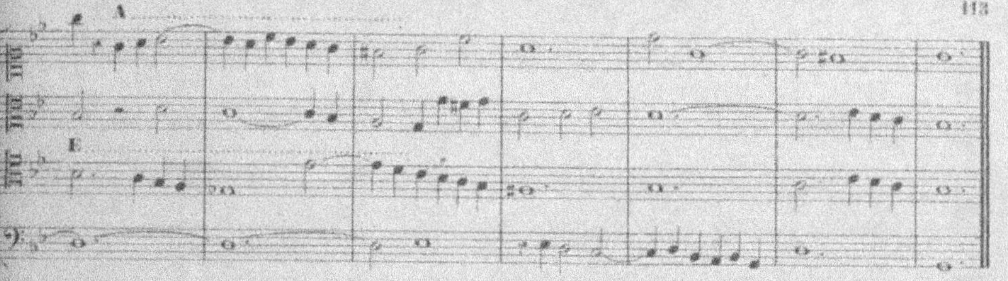

CONCOURS DES FEMMES
(1885)
BASSE DONNÉE
de Mr Th. DUBOIS
Réalisation de Mlle MARIE PRESTAT
1er prix en 1885

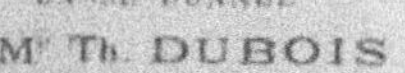

N° 64 bis
Moderato

114

18697. H.

CONCOURS DES FEMMES
(1885)

CHANT DONNÉ
& Mr Th DUBOIS

Réalisation de Mlle HÉLÈNE GONTHIER
1er prix en 1885

N° 65   Andante *Dolce espressivo*

416
a Tempo
Dimin.
Riten.
a Tempo
Dimin.
Riten.
a Tempo
Dimin.
Riten.
a Tempo
Dimin.
Cresc. e animato
Cresc. e animato
Cresc. e animato
Dimin. e calmato
Dimin. e calmato
Dimin. e calmato
Allarg. e dimin.
Allarg. e dimin.
Allarg. e dimin.
18697. H.

CONCOURS DES FEMMES
(1885)
CHANT DONNÉ
de M. Th. DUBOIS
Réalisation de Mlle MARIE PRESTAT
1er prix en 1885
N° 65 bis
Andante Dolce espressivo
C. D.
Poco cresc.
Poco cresc.
Poco cresc.
Dimin.
Dimin.
Dimin.
mf
mf
mf
p
p
p
Poco cresc.
Poco cresc.
Poco cresc.

18697. H.

a Tempo
Dimin.
Riten.
p a Tempo
Dimin.
Riten.
p a Tempo
Dimin.
Riten.
p a Tempo
p
Cresc. e animato
Cresc. e animato
Cresc. e animato
f
f
f
Dimin. e calmato
p
Allarg. e dimin.
pp
Dimin. e calmato
p
Allarg. e dimin.
pp
Dimin. e calmato
p
Allarg. e dimin.
pp
p

CONCOURS DES FEMMES
(1886)

BASSE DONNÉE
de E. GUIRAUD

Réalisation de Mlle MADELEINE JAEGER
1er prix en 1886

N° 66

B
A
A
A

CONCOURS DES FEMMES
(1886)
CHANT DONNÉ
de E. GUIRAUD
Réalisation de Mlle MADELEINE JAEGER
1er prix en 1886
N° 67   Moderato
C.D.
p
Cresc

CONCOURS DES FEMMES
(1887)
BASSE DONNÉE
de M. Th. DUBOIS
Réalisation de Melle ROSE DEPECKER
1er prix en 1887
N° 68
Moderato
B. D.

CONCOURS DES FEMMES

(1887)

CHANT DONNÉ
de M.ʳ Th DUBOIS

Réalisation de M.ˡˡᵉ ROSE DEPECKER
1ᵉʳ prix en 1887

N° 69

C.D.

Andante espressivo

f
f
f
Dimin.
Dimin.
Dimin.
Cresc.
Cresc.
Cresc.
Dimin.
Dimin.
Dimin.
p
p
p
p
p
p

BASSE DONNÉE
de Mr Th. DUBOIS

Réalisation de Mlle JULIETTE BARA
1er prix en 1888

N° 70   Moderato

B. D.

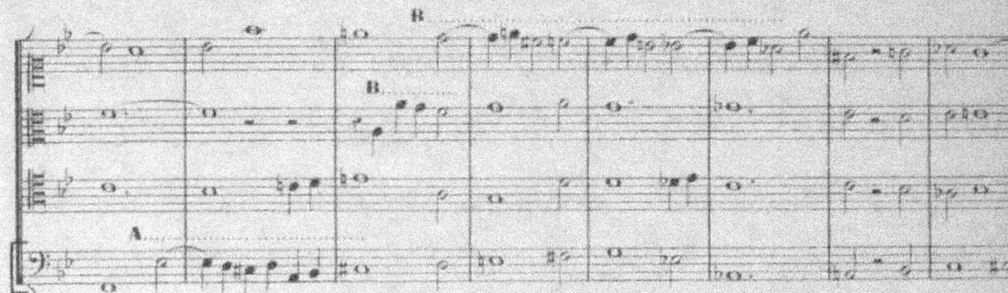

CONCOURS DES FEMMES
(1888)

CHANT DONNÉ
de Amb. THOMAS

Réalisation de Mlle JULIETTE BARAT
1er prix en 1888

N° 71 Andantino

C. D.

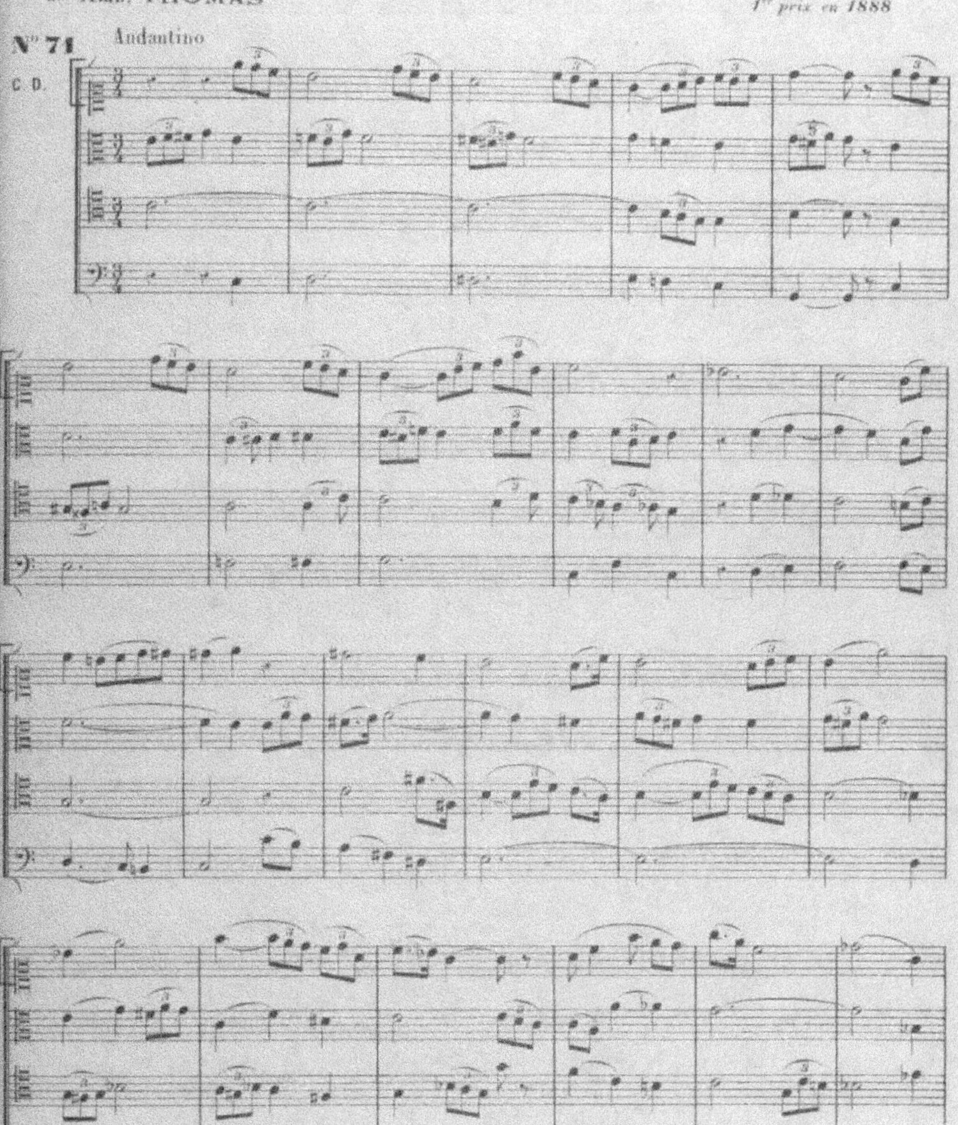

CONCOURS DES FEMMES
(1889)

BASSE DONNÉE
de E. GUIRAUD

Réalisation de M.lle MARIE GOT
1.er prix en 1889

N.º 72

CONCOURS DES FEMMES
(1889)

CHANT DONNE
de E. GUIRAUD

Realisation de Mlle MARIE GO[...]
1er prix en 1889

Nº 73   Allegretto

C. D.

CONCOURS DES FEMMES
(1889)

Dimin.
Dimin.
Dimin.
p
p
p
p
p
p

CONCOURS DES FEMMES
(1890)

BASSE DONNÉE
de H. FISSOT

Réalisation de Mlle Hélène MARKREICH
1er prix en 1890

N° 74

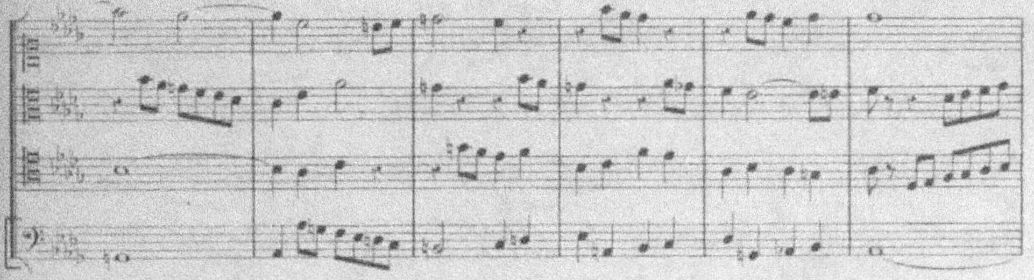

18697 H.

CONCOURS DES FEMMES
(1890)
BASSE DONNÉE
de H. FISSOT
Réalisation de Mlle JOSÉPHINE BOULAY
2ᵉ prix en 1890
N° 74 bis
B. D.

CONCOURS DES FEMMES
(1890)

CHANT DONNÉ
de H. FISSOT

Réalisation de Mlle HÉLÈNE MARKREICH
1er prix en 1890

N° 75

CONCOURS DES FEMMES
(1890)

CHANT DONNÉ

de H. FISSOT

Réalisation de Melle FRÉDÉRIQUE JOZIN

2me prix en 1890

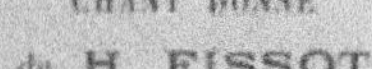

CONCOURS DES FEMMES
(1891)

BASSE DONNÉE
de M. Th. DUBOIS

Réalisation de Mlle LUCIE THOUVENEL
1er prix en 1891

N° 76

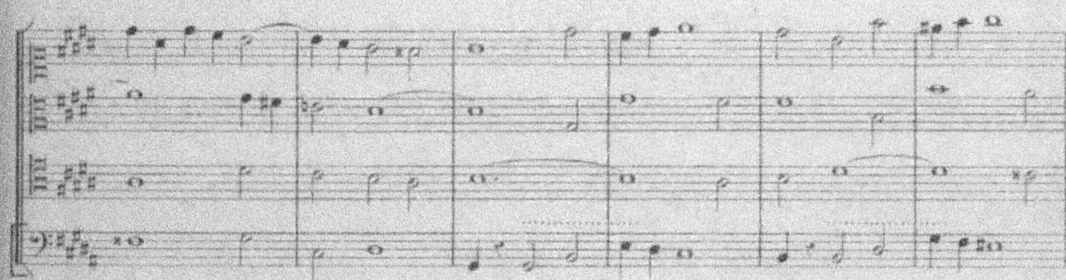

18697. H.

CONCOURS DES FEMMES
(1891)

BASSE DONNÉE
de M! Th. DUBOIS

Réalisation de M.lle HENRIETTE BENIE
2.me prix en 1891

N.º 76 bis

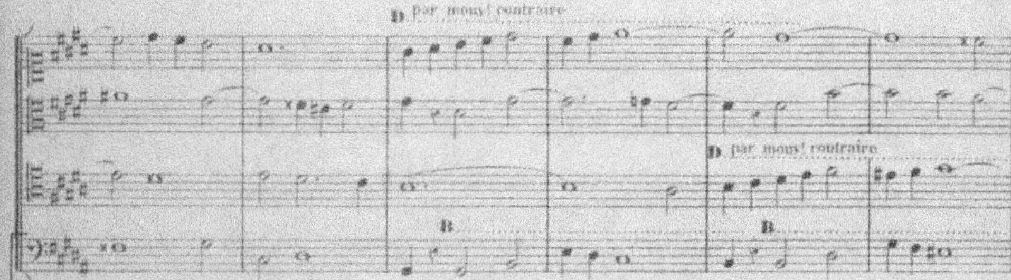

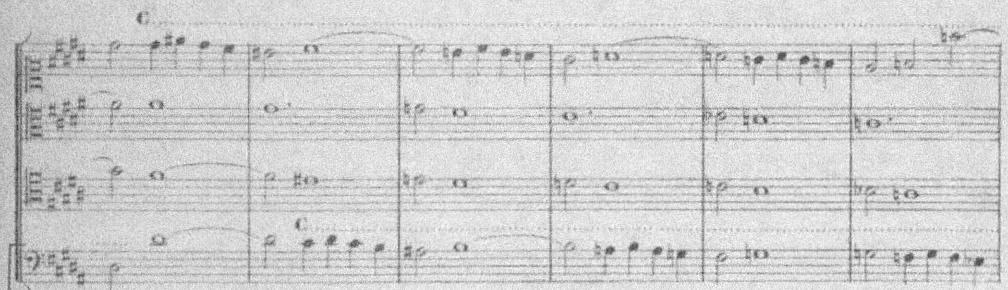

18697 H.

CONCOURS DES FEMMES
(1891)

CHANT DONNÉ
de M.Th. DUBOIS

Réalisation de M.lle LUCIE THOUVENEL
1.er prix en 1891

N° 77

CONCOURS DES FEMMES
(1892)

BASSE DONNÉE
de H. FISSOT

Réalisation de Mlle CÉLINE LAVILLE
1er prix en 1892

N° 78

A
Allarg.
Allarg.
Allarg.
Allarg.

CONCOURS DES FEMMES
(1892)
CHANT DONNÉ
de H. FISSOT
Réalisation de M.lle CÉLINE LAVILLE
1.er prix en 1892
N° 79
Andantino
C. D.

CONCOURS DES FEMMES
(1893)

CHANT DONNÉ
de M^r Th. DUBOIS
N° 80   Moderato

Réalisation de Melle GENEVIÈVE ALEXANDRE
2me prix en 1893

a Tempo
Poco riten.
a Tempo
Poco riten.
a Tempo
Poco riten.
Poco riten.
Poco riten.
Poco riten.

TROISIÈME PARTIE

Vingt leçons inédites de M.M. Th. DUBOIS
E. GUIRAUD et H. FISSOT
avec la réalisation des Auteurs

CONCOURS DES FEMMES
(1894)

BASSE DONNÉE
de H. FISSOT

Réalisation de l'Auteur

Nº 84

CONCOURS DES FEMMES
(1894)
CHANT DONNÉ
de H. FISSOT
Réalisation de l'Auteur
N° 82
Moderato
C. D.

CONCOURS DES FEMMES
(1895)

BASSE DONNÉE
de M. Th. DUBOIS

Réalisation de l'Auteur

N° 83

CONCOURS DES FEMMES
(1895)

CHANT DONNÉ
de M. Th. DUBOIS

Réalisation de l'Auteur

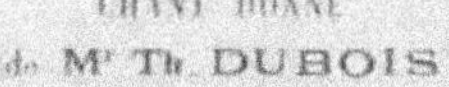

N° 84   Moderato

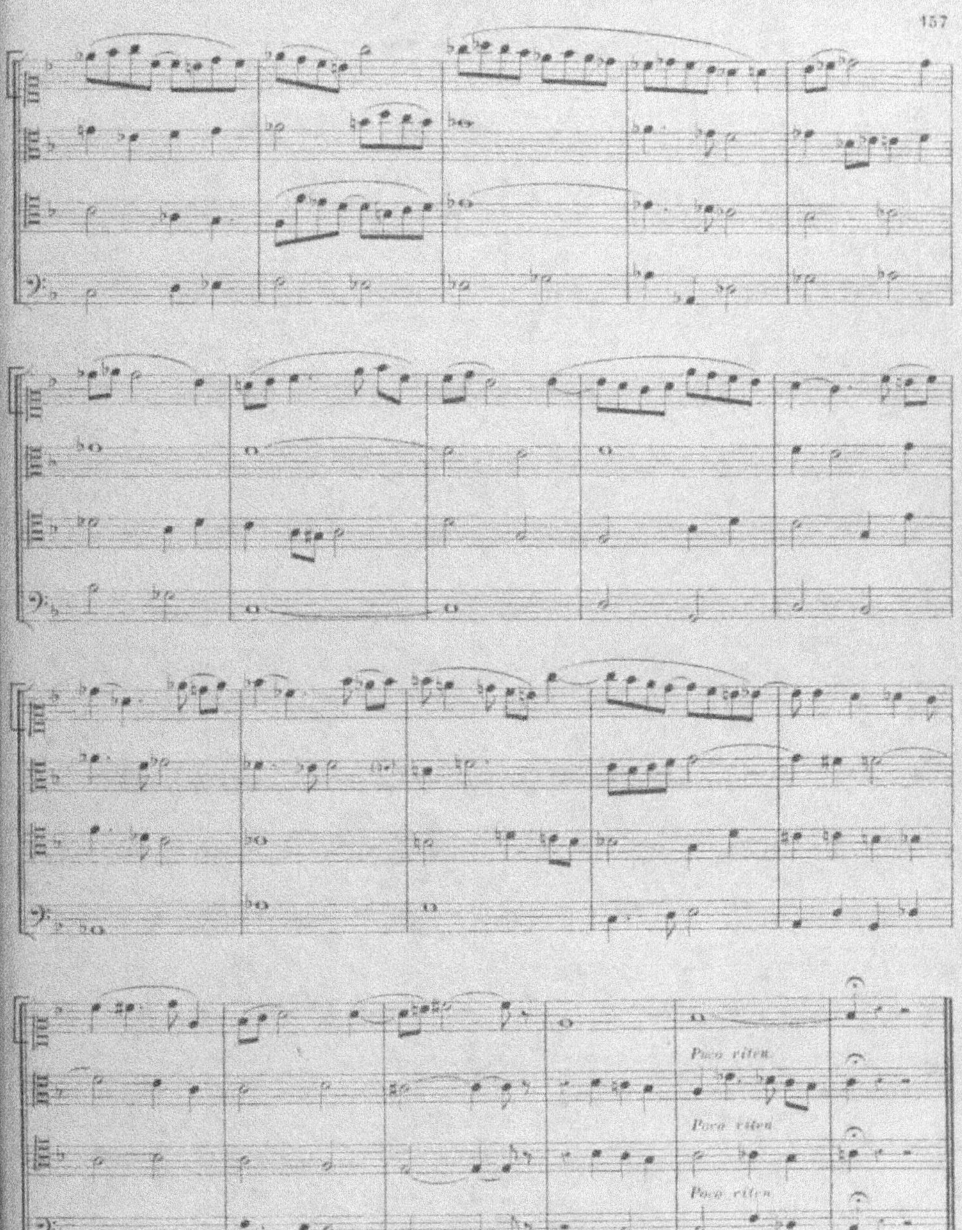
Poco riten.
Poco riten.
Poco riten.

158

E. GUIRAUD

Réalisation de l'Auteur

Leçon composée spécialement pour la classe
de M. Ch. LENEPVEU

N° 85   Allegretto

BASSE ET CHANT ALTERNÉS

E. GUIRAUD

Réalisation de l'Auteur

Leçon composée spécialement pour la classe
de Mr Ch. LENEPVEU

Nᵒ 86 Moderato

18697. H.

C. O.
Cresc.
Cresc.
Cresc.
Dimin.
Dimin.
Dimin.

BASSE DONNEE

E. GUIRAUD

Leçon composée spécialement pour la classe
de M^r Ch. LENEPVEU

Nº 87

CHANT DONNÉ

E. GUIRAUD

Réalisation de l'Auteur

*Leçon composée spécialement pour la classe
de M^r Ch. LENEPVEU*

N° 88   Andante

BASSE ET CHANT ALTERNÉS

E. GUIRAUD

Réalisation de l'Auteur

Leçon composée spécialement pour la classe
de M^r Ch. LENEPVEU

N° 89

BASSE DONNÉE

H. FISSOT

Leçon composée spécialement pour la classe
de M' Ch. LENEPVEU

N° 90

B. D.

18697. H.

166
18697 H.

CHANT DONNÉ

H. FISSOT

Réalisation de l'Auteur

*Leçon composée spécialement pour la classe
de M^r Ch. LENEPVEU*

N° 91

BASSE DONNÉE

H. FISSOT

Réalisation de l'Auteur

Leçon composée spécialement pour la classe
de Mr Ch. LENEPVEU

N° 92

B D.

CHANT DONNÉ
H. FISSOT
Réalisation de l'Auteur
Leçon composée spécialement pour la classe
de M. Ch. LENEPVEU
N° 93
Moderato
C. D.
48697 H.

BASSE ET CHANT ALTERNÉS
H. FISSOT
Réalisation de l'Auteur
Leçon composée spécialement pour la classe
de M^r Ch. LENEPVEU
N° 94
B. D.

C O

BASSE DONNÉE

H. FISSOT

Réalisation de l'Auteur

N° 95

Leçon composée spécialement pour la classe
de M^r Ch. LENEPVEU

CHANT DONNÉ

H. FISSOT

Leçon composée spécialement pour la classe
de M^r Ch. LENEPVEU

Réalisation de l'Auteur

Nº 96   Moderato

A

BASSE DONNÉE

H. FISSOT

Réalisation de l'Auteur

Nº 97

*Leçon composée spécialement pour la classe
de Mr Ch. LENEPVEU*

BASSE DONNÉE

H. FISSOT

Réalisation de l'Auteur

*Leçon composée spécialement pour la classe
de M^r Ch. LENEPVEU*

N.º 98

18697. H.

BASSE DONNÉE

H. FISSOT

Leçon composée spécialement pour la classe de M^r Ch. LENEPVEU

Réalisation de l'Auteur

N° 99

B. D.

CHANT DONNÉ

H. FISSOT

Réalisation de l'Auteur

*Leçon composée spécialement pour la classe
de M^r Ch. LENEPVEU*

N° 100   Andante sostenuto

Riten.
a Tempo
a poco
a poco
Riten.
a Tempo
Riten.
a Tempo
Riten.
a Tempo
Cresc.
Cresc.
Cresc.
Cresc.
Cresc. sempre
Dimin.
poco
a
poco
Cresc. sempre
Dimin.
poco
a
poco
Cresc. sempre
Dimin.
poco
a
poco
Cresc. sempre
Dimin.
poco
a
poco
Ritard.
pp
Ritard.
pp
Ritard.
pp
Ritard.
pp